02
성장편

청소년 일대일 제자양육

청소년 일대일 제자양육 **2권 성장편**

초판 발행 | 2025. 5. 21

편집 | 두란노 편집부
표지 그림 | 홍기두
등록번호 | 제1988-000080호
등록된 곳 | 서울특별시 용산구 서빙고로65길 38
발행처 | 사단법인 두란노서원
영업부 | 2078-3333   FAX | 080-749-3705
출판부 | 2078-3331

책값은 뒤표지에 있습니다.
ISBN 978-89-531-5104-8   03230

독자의 의견을 기다립니다.
tpress@duranno.com   www.duranno.com

이 책의 성경본문은 개역개정 성경을 사용하였습니다.

두란노서원은 바울 사도가 3차 전도여행 때 에베소에서 성령 받은 제자들을 따로 세워 하나님의 말씀으로 양육하던 장소입니다. 사도행전 19장 8-20절의 정신에 따라 첫째 목회자를 돕는 사역과 평신도를 훈련시키는 사역, 둘째 세계선교(TIM)와 문서선교(단행본·잡지) 사역, 셋째 예수문화 및 경배와 찬양 사역, 그리고 가정·상담 사역 등을 감당하고 있습니다. 1980년 12월 22일에 창립된 두란노서원은 주님 오실 때까지 이 사역들을 계속할 것입니다.

02
성장편

청소년
일대일 제자양육

두란노 편집부

두란노

모든 성경은 하나님의 감동으로 된 것으로
교훈과 책망과 바르게 함과 의로 교육하기에 유익하니
이는 하나님의 사람으로 온전하게 하며
모든 선한 일을 행할 능력을 갖추게 하려 함이라

_ 딤후 3:16-17

차례

추천의 글 °6

감수자의 글 °8

Ⅳ. 그리스도인의 생활

| 여덟 번째 만남 | **성경** °12
| 아홉 번째 만남 | **기도** °28
| 열 번째 만남 | **교제** °44
| 열한 번째 만남 | **전도** °60

Ⅴ. 그리스도가 다스리는 삶

| 열두 번째 만남 | **성령 충만한 삶** °80
| 열세 번째 만남 | **시험을 이기는 삶** °92
| 열네 번째 만남 | **순종하는 삶** °106
| 열다섯 번째 만남 | **사역하는 삶** °124

참고 도서 °136

키 그림을 사용하는 방법 °140

기도 계획표 °145

청소년 일대일 제자양육 암송구절 °148

추천의 글

일대일 제자양육은 온누리교회의 핵심 사역으로, 모든 직분자가 이수해야 하는 중요한 양육 프로그램입니다. 양육자와 동반자가 일대일로 만나 성경 말씀을 통해 구원의 확신을 얻고 예수님의 제자로 성장시키는 이 사역은 교회를 건강하게 세우는 밑거름이 되고 있습니다.

일대일 제자양육은 교회의 역사와 함께 40년이 되었고, 어느새 이 사역이 담장을 넘어 타 교회와 선교지에까지 가지를 뻗고 열매를 맺으며 귀하게 쓰임 받고 있습니다. 그리고 하나님은 《어린이 일대일 제자양육》을 비롯해 《청소년 일대일 제자양육》과 앞으로 《시니어 일대일 제자양육》까지 세대별 맞춤형 교재를 출간하도록 이끄셨습니다.

《청소년 일대일 제자양육》은 기초편과 성장편, 두 권으로 나누어 출간되어 예수님을 처음 알고 믿게 된 초신자부터 이미 신앙생활을 하고 있는 청소년까지 모두 아우를 수 있습니다. 이 교재를 통해 청소년

들은 그리스도인으로서 정체성을 확고히 하고 부모 세대의 신앙을 유산으로 잘 전수받는 은혜를 경험하게 될 것입니다.

세상은 우리를 거친 물결로 위협하고 거짓 이론으로 미혹하지만 예수님께 삶의 키(key)를 맡기고 그분 중심으로 살아간다면 넉넉히 이길 수 있습니다. 이 교재가 청소년의 신앙 기초를 다지고 그들이 예수님의 인도를 받으며 살도록 하는 데 중요한 역할을 하리라 믿습니다.

이재훈
• 온누리교회 위임 목사

감수자의 글

《일대일 제자양육 성경공부》의 내용을 새롭게 해야 한다는 요구가 오랜 시간 동안 계속 있었습니다. 그러나 너무 방대한 분량이라서 누구도 엄두를 내지 못하는 난제로 남아 있었습니다. 그런데 온누리교회 창립 40주년을 맞이하면서 성령님이 그 일을 하도록 역사하셨습니다. 성령님이 《어린이 일대일 제자양육》 이후 《청소년 일대일 제자양육》 교재를 만들도록 이끌어 가신 것입니다.

《청소년 일대일 제자양육》은 성인용 교재 총 16주(오리엔테이션 포함) 과정을 기초편과 성장편, 두 권으로 나누어 출간하게 되었습니다. 요즘 청소년의 특성을 반영한 것입니다. 그리고 내용 면에서도 많은 변화를 주었습니다. 기존 일대일 교재의 틀은 유지하면서 과마다 내용 전개를 논리에 맞도록 조정했습니다. 부적합하다고 판단되는 질문이나 성경 구절은 삭제하거나 다른 내용으로 교체했습니다.

그리고 청소년의 눈높이에 맞추어 일부 문장들은 이

해하기 쉽게 바꾸었습니다. 주제마다 나눔을 할 수 있는 질문들을 추가했습니다. 암송할 구절은 1, 2권 매 과 한 구절씩, 총 15개를 선택하고 실었습니다. 또한 디자인도 새 옷을 입혔습니다.

《청소년 일대일 제자양육》교재가 출간됨으로써 이제 전 세대가 예수님의 제자로 훈련받을 수 있는 장이 열리게 되었습니다. 이 교재를 통해 청소년이 부모의 신앙 유산을 전수받고, 세상에 선한 영향을 끼치는 믿음의 사람들로 세워질 것입니다.

이기훈

• 온누리교회 일대일 제자양육 총괄 목사

그리스도인의 생활

。 여덟 번째 만남　성경
。 아홉 번째 만남　기도
。 열 번째 만남　　교제
。 열한 번째 만남　전도

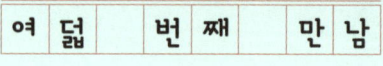

성경

이 과의 목표
❶ 성경의 기록 목적을 알고 이에 따라 성경을 바르게 읽는다.
❷ 성경 연구의 다섯 가지 방법을 알고 성경을 확실하게 이해하며 삶에 적용한다.

준비 과제
디모데후서 3:16을 암송하기
주일 설교 적기
요한복음 8-14장 읽기
'성경' 미리 공부하기
매일 큐티하기

성경은 약 1,500년간 40여 명이 쓴 책들을 한 권으로 묶은 것입니다.

구약은 모세와 선지자들이 하나님께 받은 말씀입니다. 구약은 율법서(5권), 역사서(12권), 시가서(5권), 예언서(17권)로 구성되어 있습니다. 구약은 39권이며 대부분 히브리어로 쓰였습니다.

בְּרֵאשִׁית בָּרָא אֱלֹהִים אֵת הַשָּׁמַיִם וְאֵת הָאָרֶץ׃

〈창세기 1장 1절, 히브리어〉 태초에 하나님이 천지를 창조하시니라

신약은 복음서(4권), 역사서(1권), 서신서(21권), 예언서(1권)로 구성되어 있습니다. 신약은 27권이며 전부 헬라어로 쓰였습니다.

Οὕτως γὰρ ἠγάπησεν ὁ θεὸς τὸν κόσμον, ὥστε τὸν υἱὸν τὸν μονογενῆ ἔδωκεν, ἵνα πᾶς ὁ πιστεύων εἰς αὐτὸν μὴ ἀπόληται ἀλλ' ἔχῃ ζωὴν αἰώνιον.

〈요한복음 3장 16절, 헬라어〉 하나님이 세상을 이처럼 사랑하사 독생자를 주셨으니 이는 그를 믿는 자마다 멸망하지 않고 영생을 얻게 하려 하심이라

성경은 교양이나 학문을 가르치기 위해서가 아니라 우리에게 하나님의 구원에 관한 지식과 하나님과 동행하는 생활에 필요한 여러 지침을 주기 위해 기록되었습니다.

딤후 3:16
모든 성경은 하나님의 감동으로 된 것으로 교훈과 책망과 바르게 함과 의로 교육하기에 유익하니

성경의 근원과 기록 목적은 무엇입니까?(딤후 3:15-16)

_____

성경 전체의 중심인물은 누구입니까?(요 5:39)

_____

그리스도인이 성경 말씀에 대하여 마땅히 취해야 할 태도는 무엇인가요?
(벧전 2:2)

_____

성경을 제대로 배우고, 내 삶에 적용하는 법

성경은 그냥 읽는 책이 아닙니다.
우리 삶을 변화시키는 하나님의 특별한 메시지예요.
어떻게 하면 성경을 진짜 내 것으로 만들 수 있을까요?

이 과에서는 성경을 효과적으로 공부하는 다섯 가지 방법을 알려 줄게요!

- ◆ 게임을 잘하려면? → 듣고, 보고, 연습하고, 외우고, 전략을 짜야 해요.
- ◆ 운동을 잘하려면? → 배우고, 따라 하고, 연구하고, 몸에 익히고, 전략을 세워야 해요.

성경도 마찬가지!

성경을 듣고, 읽고, 연구하고, 암송하고, 묵상하면 그 말씀이 내 삶에 완전히 스며들어요!

듣기	로마서 10:17
읽기	요한계시록 1:3
연구	사도행전 17:11
암송	시편 119:9, 11
묵상	시편 1:2-3

1. 듣기 : 말씀에 귀 기울이기

    우리는 좋아하는 노래를 반복해서 들으면 그 노래의 가사와 멜로디를 금방 외우게 돼요. 마찬가지로 하나님의 말씀도 계속 들으면 놀랍게도 그 말씀이 우리의 마음속에 새겨진답니다.

    1) 하나님의 말씀을 들으면 우리 안에 어떤 일이 일어납니까?(롬 10:17)

    _____

    2) 예배 때 강단에서 선포되는 목사님(전도사님)들의 설교도 하나님의 말씀입니다. 우리는 어떤 태도로 말씀을 들어야 할까요?(살전 2:13)

    _____

그리스도인의 믿음은 성경 말씀에 근거해야 합니다. 그렇지 않으면 기복적 신앙으로 빠지기 쉽습니다. 그리고 믿음은 성경 말씀을 들을 때 생깁니다. 요즈음 오디오 성경이 많이 보급되고 있습니다. 그러므로 심심할 때 음악을 듣는 것처럼 성경을 체계적으로 들어 보세요. 그리고 감동을 받은 말씀들을 노트에 기록해 보세요. 믿음이 많이 성장할 것입니다.

†나눔

당신은 그동안 강단에서 선포되는 말씀을 어떤 태도로 들었습니까?

2. 읽기 : 말씀을 직접 경험하기

성경을 믿는 사람들은 많은데 막상 성경을 읽는 사람은 적다고 합니다. 성경이 전 세계적으로 베스트셀러이지만 가장 읽히지 않는 책에 속한다는 말도 있습니다. 성경을 읽으면 읽을수록 우리 삶에 능력이 됨을 경험할 수 있습니다.

1) 그리스도인들이 매일 성경을 읽어야 하는 이유는 무엇인가요?(신 17:19-20)

―――――――――――――――――――――――――――――

2) 요한계시록 1장 3절을 읽어 보세요. 그리고 자신의 말로 다시 써 보세요.

―――――――――――――――――――――――――――――

성경을 읽는 것은 하나님이 보내 주신 편지를 읽는 것과 같습니다. 그러므로 성경을 체계적으로 읽는 것은 하나님을 더 깊이 알아 가는 좋은 기

회가 됩니다. 신구약 성경을 일독하겠다는 목표를 세워 보세요. 혼자서 읽는 것이 어려우면 성경 읽기 프로그램에 참여해 보세요. 성경을 통독하면 성경의 흐름을 볼 수 있는 눈이 생깁니다.

✝나눔

당신은 그동안 성경을 얼마나 읽어 본 경험이 있습니까?

3. 연구하기 : 말씀을 깊이 파고들기

좋아하는 게임이나 운동을 할 때 도움이 되는 팁을 얻으면 실력이 부쩍 늘게 됩니다. 성경 연구도 마찬가지입니다. 성경을 깊이 있게 연구하면 믿음의 세계를 경험할 뿐 아니라 성경 말씀이 왜 진리인지를 깨달을 수 있습니다.

1) 성경 연구는 어떤 태도를 가지고 해야 할까요?(행 17:11)

───────────────────────────────

2) 성경을 깊이 있게 연구하면 어떤 영적 유익을 얻을 수 있을까요?(잠 2:4)

───────────────────────────────

성경을 읽고 묵상하는 것은 혼자서도 얼마든지 할 수 있습니다. 그러나 성경을 혼자 연구하는 것은 쉽지 않습니다. 그래서 도움이 필요합니다. 교회에서 인도하는 성경 공부 시간에 참여하는 것이 가장 쉽고 효과적인 방법입니다. 그 밖에 성경 연구 방법은 다양합니다. 관찰, 해석, 적용

으로 구성된 귀납법적 연구 방법과 주제별 연구 방법 그리고 책별 연구 방법과 인물별 연구 방법 등이 있습니다.

† 나눔

당신이 성경을 연구하고 싶은 방법이 있다면 무엇인가요?

4. 암송하기 : 말씀을 기억하며 승리하기

성경 말씀을 암송하는 것은 어려운 일이지만 그만한 가치가 있습니다. 왜냐하면 암송된 말씀은 강력한 공격 무기가 되기 때문입니다. 예수님은 사탄이 다가와 가장 거절하기 어려운 유혹을 했을 때 암송하고 있던 말씀으로 물리치실 수 있었습니다. 그리고 성경 말씀을 암송하면 그 말씀이 자신의 삶을 이끌어 주는 놀라운 경험을 하게 됩니다.

1) 하나님이 잠언을 통해서 강조하며 말씀하신 권면은 무엇입니까?(잠 7:1-3)

---

2) 성경을 암송하면 어떤 영적 유익을 얻을 수 있습니까?(시 119:9, 11)

'청소년 일대일 제자양육' 과정에서는 15개를 암송해야 할 성경 구절로 제시합니다. 이것은 그리스도인이라면 가슴에 새기고 꼭 기억해야 할 핵심 구절입니다. 운동을 잘하기 위하여 규칙을 외우거나 좋아하는 노래의 가사나 드라마의 대사를 자연스럽게 기억하는 것처럼 하나님의 말

씀이 자연스럽게 내 것이 되도록 암송해 보세요. 도전!

┼나눔

당신이 암송하고 있는 성경 말씀이 어떤 상황에서 당신을 구원해 준 경험이 있나요?

5. 묵상하기 : 말씀을 내 삶에 적용하기

기독교는 말씀의 종교입니다. 그래서 신앙생활은 성경 말씀을 중심으로 해야 합니다. 왜냐하면 매일 말씀을 묵상하는 것은 살아 계신 하나님과 인격적인 교제를 나누는 것이기 때문입니다. 묵상을 한다는 것은 말씀으로 다가오시는 하나님을 만나는 것이며 말씀을 통해서 들려주시는 그분의 음성을 듣는 것입니다.

1) 매일 말씀을 묵상하는 것은 우리의 삶에 어떤 영향을 줍니까?(눅 6:45)

_____

2) 매일 말씀을 묵상하면서 생활하면 어떤 영적 유익을 얻을 수 있나요?
   (시 1:1-2, 수 1:8)

_____

묵상을 위한 Tips

말씀 묵상을 잘하기 위해서는 다음의 두 가지 질문을 참고하세요.

① 오늘 본문 말씀은 무엇을 의미하는가?
② 오늘 본문 말씀을 가지고 어떻게 살아야 하는가?

성경의 원저자는 성령님입니다. 그러므로 말씀을 묵상할 때마다 하나님의 뜻을 깨달을 수 있도록 성령님의 도움을 구하는 것이 필요합니다(시 119:18). 그리고 묵상을 통해서 알게 된 말씀은 반드시 실천해야 합니다. 묵상과 적용이 균형을 갖출 때 하나님의 말씀은 능력이 될 수 있습니다.

✝ 나눔

당신이 지금까지 살아오면서 마음에 가장 많이 쌓아 둔 것은 무엇인가요?

> "성경은 지식을 증가시키라고 주신 것이 아니라 삶의 변화를 위해 주신 것이다."
> D. L. 무디
>
> "성경에 대한 무지는 곧 그리스도에 대한 무지다."
> 제롬(St. Jerome)

✝ 나눔

당신이 성경을 공부한 후 새롭게 도전을 받은 것이 있다면 무엇인지 나누어 보세요.

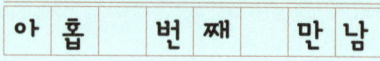

기도

이 과의 목표
❶ 기도의 의미와 기도를 해야 하는 이유를 배운다.
❷ 기도하는 방법을 배운다.

준비 과제
빌립보서 4:6-7을 암송하기
주일 설교 적기
요한복음 15-21장 읽기
'기도' 미리 공부하기
매일 큐티하기

기도는 하나님과 교제하는 것입니다. 하나님은 성경을 통해서 우리에게 말씀하시고 우리는 기도를 통해서 하나님께 말씀을 드립니다. 또한 기도는 그리스도인들에게 영혼의 호흡과 같은 것입니다. 기도를 한다는 것은 내 삶을 하나님과 나누는 것입니다. 또한 기도는 하나님의 능력을 덧입는 방법이기도

합니다. 그 능력으로 영적 싸움에서 승리할 수 있고 그리스도의 뜻을 이룰 수도 있습니다. 또한 기도를 통해서 삶을 변화시키는 하나님의 능력을 체험할 수 있습니다.

빌 4:6-7
아무것도 염려하지 말고 다만 모든 일에 기도와 간구로, 너희 구할 것을 감사함으로 하나님께 아뢰라 그리하면 모든 지각에 뛰어난 하나님의 평강이 그리스도 예수 안에서 너희 마음과 생각을 지키시리라

1. 기도란 무엇인가요?

그리스도인들 중에는 기도를 잘못 이해하고 있는 경우가 많습니다. 다음의 성경 구절들을 읽어 보세요. 기도를 이해하는 데 많은 도움을 줄 것입니다.

1) 〈시편 5:3〉 여호와여 아침에 주께서 나의 소리를 들으시리니 아침에 내가 주께 기도하고 바라리이다

기도는 혼자서 하는 참선이나 명상이 아닙니다.
기도는 살아 계신 하나님께 하는 것입니다.

2) 〈요한복음 14:13〉 너희가 내 이름으로 무엇을 구하든지 내가 행하리니 이는 아버지로 하여금 아들로 말미암아 영광을 받으시게 하려 함이라

기도는 세상의 다른 종교에서 신에게 비는 것과는 다릅니다.
기도는 구원을 얻은 사람들이 예수님의 이름으로 드리는 것입니다.

3) 〈누가복음 22:42〉 이르시되 아버지여 만일 아버지의 뜻이거든 이 잔을 내게서 옮기시옵소서 그러나 내 원대로 마시옵고 아버지의 원대로 되기를 원하나이다 하시니

기도는 내가 원하는 것을 일방적으로 구하는 것이 아닙니다.
기도는 하나님이 원하시는 것이 이루어지길 간구하는 것입니다.

4) 〈골로새서 4:2〉 기도를 계속하고 기도에 감사함으로 깨어 있으라

기도는 필요할 때만 드리는 것이 아닙니다.
기도는 어느 때나 일상생활 속에서 드리는 것입니다.

5) 〈마태복음 6:7〉 또 기도할 때에 이방인과 같이 중언부언하지 말라 그들은 말을 많이 하여야 들으실 줄 생각하느니라

기도는 의미 없는 말을 주문을 외우듯 되풀이하는 것이 아닙니다.
기도는 구체적인 내용을 하나님께 말씀드리는 것입니다.

6) 〈사무엘상 3:10〉 여호와께서 임하여 서서 전과 같이 사무엘아 사무엘아 부르시는지라 사무엘이 이르되 말씀하옵소서 주의 종이 듣겠나이다 하니

기도는 하나님께 말로써 아뢰는 것입니다.
그러나 하나님의 음성에 귀를 기울이는 '듣는' 기도도 있습니다.

✝ 나눔

당신이 기도에 관하여 새롭게 알게 된 내용은 무엇입니까?

2. 기도는 왜 해야 합니까?

기도는 모든 그리스도인이 해야 하는 신앙의 필수품입니다. 왜냐하면 기도는 하나님과 우리 사이를 연결해 주는 영적인 끈이기 때문입니다. 예수님은 십자가를 통해서 하나님과 우리 사이에 막힌 담을 허물어 주셨습니다. 그리고 우리가 하나님의 보좌 앞으로 나아갈 수 있는 문을 열어 주셨습니다. 그것이 바로 기도입니다. 그리스도인이 기도를 해야만 하는 이유는 다음과 같습니다.

1) 하나님과 교제하기 위하여(시 145:18)

기도는 하나님과 나누는 영적인 교제입니다. 하나님은 기도를 통해서 우리와 깊은 대화를 나누기 원하십니다. 그래서 기도는 하면 할수록 하나님과 친밀한 관계를 갖게 해 줍니다. 하나님은 우리보다 더, 기도를 통해서 우리를 만나기 원하십니다.

2) 하나님을 영화롭게 해 드리기 위하여(요 14:13)

그리스도인들이 기도를 한다는 것은 자신의 연약함을 인정하고 하나님의 전능하신 능력을 의지한다는 믿음의 표현입니다. 그래서 하나님은 우리가 기도하는 것을 기뻐하실 뿐 아니라 기도하는 것 자체가 하나님께 영광을 돌리는 것입니다.

3) 하나님의 계획이 실현될 수 있기를 위하여(출 3:7-10)

하나님은 우리의 기도를 통해서 일하시며 당신의 계획을 진행하십니다. 그러므로 우리가 하나님의 뜻이 이 땅에 이루어지길 기도하는 것은 하나님과 동역하는 것입니다. 그래서 우리는 개인은 물론 가정과 교회 그리고 우리 사회를 위한 하나님의 계획이 실현될 수 있기를 위하여 중보기도해야 합니다.

4) 영적 성장을 위하여(렘 33:3)

기도를 통한 하나님과의 영적 교제는 곧 영적 성장으로 이끌어 줍니다. 기도 없이는 영적 성장도 없습니다. 기도는 하면 할수록 믿음을 견고하게 해 줄 뿐 아니라 성령의 능력이 우리의 심령에 채워지게 합니다.

5) 자신의 필요를 얻기 위하여(빌 4:6-7)

예수님은 제자들에게 일용할 양식을 위해 기도하라고 가르쳐 주셨습니다. 그리고 "구하라 그리하면 주실 것이다"라고 말씀하셨습니다. 우리가 얻지 못함은 구하지 않기 때문입니다. 하나님은 기도를 통해서 우리의 모든 필요를 공급해 주길 원하십니다.

✝ 나눔

기도해야 하는 이유를 아는 것이 당신의 기도 생활에 어떤 도전을 줍니까?

3. 기도는 어떻게 해야 할까요?

기도는 하나님과의 대화입니다. 그러므로 시작부터 청구서를 제출하듯이 혹은 자판기의 버튼을 누르듯이 기도하는 것을 피해야 합니다. 한 손에 손가락이 다섯 개 있듯이 기도는 찬양, 고백, 감사, 중보, 간구 등 다섯 가지 요소를 순서대로 하는 것이 좋습니다.

1) 찬양 : 하나님의 성품과 그분이 하신 일을 찬양합니다.
　　역대상 29:11 _____

2) 고백 : 자신의 죄를 회개하며 용서를 구합니다.
　　요한일서 1:9 _____

3) 감사 : 하나님이 행하신 일과 베풀어 주신 은혜와 사랑에 대하여 감사를 드립니다.
　　에베소서 5:20 _____

4) 중보 : 다른 사람의 필요를 위하여 하나님께 기도합니다.
　　골로새서 4:3-4 _____

5) 간구 : 자신의 필요를 위하여 믿음으로 기도합니다.
　　마태복음 7:7-8 _____

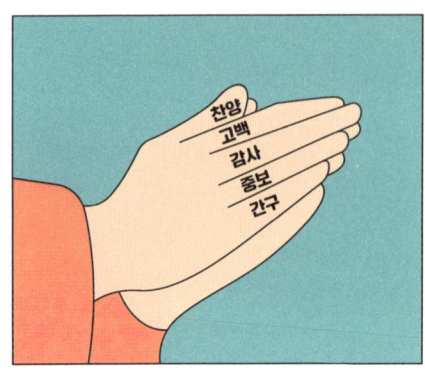

🕆 나눔

기도의 다섯 가지 요소 각각에 해당하는 기도문을 한 문장씩 작성해 보세요.

_____
_____
_____
_____
_____

4. 응답받는 기도

그리스도인들은 평생 기도를 하면서 신앙생활을 합니다. 그러므로 응답받는 기도 생활을 하는 것이 중요합니다. 기도를 할 때 주의해야 할 것들이 무엇인지 찾아보세요.

1) 믿음 없는 기도

   마태복음 21:22 _____

2) 욕심을 채우기 위한 기도

   야고보서 4:2-3 _____

3) 말씀 순종이 없는 기도

   요한복음 15:7 _____

믿음으로 드리지 않는 기도는 하나님의 귀에 들리지 않습니다. 그리고 자신의 욕심을 채우기 위하여 드리는 기도도 응답되지 않습니다. 또한 말씀을 따르는 순종이 없이 자신이 원하는 것을 구하는 기도도 응답되지 않습니다. 믿음으로 구하고, 섬김과 나눔을 위한 기도를 드리고, 말씀대로 순종하는 생활을 해야 기도가 응답될 수 있습니다.

┼나눔

기도에 관하여 배운 내용이 무엇인지 당신의 말로 요약해 보세요.

열 번째 만남

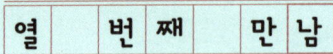

교제

이 과의 목표
❶ 하나님과의 교제에 대하여 배운다.
❷ 성경적인 성도의 교제에 대하여 배운다.

준비 과제
요한복음 13:34-35을 암송하기
주일 설교 적기
빌립보서 읽기
'교제' 미리 공부하기
매일 큐티하기

교회는 단순한 건물이 아니라 예수님을 믿는 사람들이 함께 모여 만들어진 영적 공동체입니다. 그래서 진정한 교제는 함께 하나님을 예배하는 것에서부터 시작됩니다. 그리고 예배를 통해서 경험되는 하나님의 은혜와 사랑이 성도들과의 관계로 흘러가는 것입니다.

또한 하나님과의 교제나 성도 간의 교제는 하나님과 인간 사이의 막힌 담을 허물어 주신 예수님의 십자가에서 시작됩니다(엡 2:13-14).

요 13:34-35
새 계명을 너희에게 주노니 서로 사랑하라 내가 너희를 사랑한 것같이 너희도 서로 사랑하라 너희가 서로 사랑하면 이로써 모든 사람이 너희가 내 제자인 줄 알리라

하나님과의 교제

예배는 하나님과 교제하는 중요한 시간입니다. 그런데 예배의 목적을 설교를 듣는 것으로 생각하는 사람이 많습니다. 그리고 은혜를 받는 것이 목적인 사람도 있습니다. 설교를 듣는 것이 예배의 중요한 부분인 것은 사실이지만 예배의 목적이 될 수는 없습니다. 근본적으로 예배는 나를 위한 것이 아니라 하나님을 위한 것이기 때문입니다.

1. 하나님이 사람을 창조하신 목적 중에 하나는 무엇입니까?(사 43:7, 21)

   _____

2. 하나님이 우리를 구원하신 목적은 무엇입니까?(엡 1:5-6)

   _____

3. 하나님께 예배를 드릴 때 어떤 태도가 필요할까요?

   1) 내적인 자세(요 4:24)

   _____

   2) 외적인 자세(시 95:6, 전 5:1-2)

   _____

예배는 피조물인 인간이 창조주 하나님을 영화롭게 해 드리는 방법 중 하나입니다. 또한 하나님이 우리를 구원하신 목적은 예수님을 통해서 주신

그분의 은혜를 찬송하게 하시려는 것입니다. 그러므로 우리는 예배를 마음을 다하여 드려야 하며 정성스럽게 시간과 예물을 준비하여 드려야 합니다(대상 16:29). 또한 모든 그리스도인의 삶에서 우선순위는 항상 하나님을 예배하는 것이어야 합니다. 만약 예배가 소홀히 여겨지면 신앙도 무너지게 된다는 사실을 기억할 필요가 있습니다.

† 나눔

당신은 매 주일 마음, 시간, 예물 등 최선을 다해 예배를 드리고 있습니까?

4. 그리스도인들이 함께 모여서 드리는 예배 외에 또 한 가지 필요한 예배는 무엇입니까?(롬 12:1)

예배는 모여서 함께 드리는 예배와 흩어져서 삶으로 드리는 예배가 있습니다. 특히 일상생활 속에서 하나님의 말씀을 실천하는 것이 곧 삶으로 드리는 예배입니다. 이 두 가지의 예배가 균형을 갖추어야 하나님이 기뻐하시는 예배와 예배자가 될 수 있습니다.

† 나눔

당신은 삶의 자리에서 어떻게 예배자로 생활하고 있습니까?

5. 찬양은 예배에서 빼놓을 수 없는 중요한 요소입니다. 찬양은 다음과 같은 영적인 의미를 담고 있기 때문에 중요합니다.

   1) 찬양은 창조주 하나님께 영광을 돌리는 것입니다(사 43:21).

하나님이 우리를 창조하신 목적 중에 하나는 찬양을 통해서 그분께 영광을 올려 드리게 하시려는 것입니다. 찬양을 통해서 우리는 하나님의 위대하심을 선포할 수 있습니다.

   2) 찬양은 하나님이 하신 일들을 기뻐하는 믿음의 고백입니다(시 98:1-2).

하나님이 행하신 놀라운 일들과 베풀어 주신 구원의 은혜를 기억하고 감사하면서 찬양하는 것은 그분의 신실하심과 능력을 기뻐하는 믿음의 표현이 됩니다.

   3) 찬양은 성령님의 위로를 경험하게 해 주는 통로입니다(시 42:11).

우리가 믿음으로 찬양을 부를 때 성령님이 우리의 상한 마음과 손상된 감정을 치유의 손으로 만져 주십니다. 또한 기쁨과 위로와 소망을 주셔서 영혼을 새롭게 하십니다.

당신의 신앙생활에서 찬양은 어떤 의미가 있습니까?

성도 간의 교제

교회 공동체 안에서 이루어지는 성도들의 교제는 하나님 나라의 모형이라고 할 수 있습니다. 그리스도인들이 함께 모여서 서로 배우고 격려하며 중보기도할 때 참다운 성도의 교제가 이루어집니다. 하나님은 모든 그리스도인이 믿음의 가족으로서 지역 교회의 활발한 구성원이 되기를 원하십니다.

1. 지체 의식이 있어야 합니다.
   교회 공동체 안에서 참다운 성도의 교제가 이루어지려면 각 사람이 어떤 인식을 가져야 합니까?(롬 12:5, 고전 12:27)
   _____

그리스도인이 되었다는 것은 모두가 한 하나님 아버지의 자녀가 되었다는 것을 의미합니다. 그리고 교회의 주인이 되시는 그리스도의 몸의 한 지체로서 교회를 이루고 있다는 사실을 기억해야 합니다. 성도가 이와 같은 지체 의식을 가질 때 교회 공동체는 진정한 하나님의 나라가 될 수 있습니다.

당신은 주 안에서 한 지체라는 생각으로 신앙생활을 하고 있습니까?

2. 주 안에서 하나 되어야 합니다.
   예수님이 교회를 위하여 중보기도하신 내용은 무엇입니까? (요 17:11)

사탄의 목표는 그리스도인들의 연합을 파괴하는 것입니다. 사탄은 그리스도의 몸인 교회를 무너뜨리기 위하여 갈등과 분열을 지속적으로 꾀하고 있습니다. 그러므로 교회가 거룩한 하나님의 공동체가 되기 위해서는 성도 개개인이 한마음을 품어야 합니다. 성도들이 주 안에서 하나 되는 것은 하나님께는 영광이 될 뿐 아니라, 이로 인해 불신자들이 참여하고 싶은 교회가 될 수 있습니다.

3. 각 사람의 다양성을 이해해야 합니다.
   교회는 여러 면에서 서로 다른 점이 많은 사람들이 모여서 만들어진 공동체입니다. 그러므로 다음과 같은 세 가지의 다른 점을 이해할 때 그리스도의 몸을 이룰 수 있습니다.
   1) 은사가 다릅니다.

이 모든 일은 같은 한 성령이 행하사 그의 뜻대로 각 사람에게 나누어 주시는 것이니라 (고전 12:11).

한 성령 안에서 구원을 받지만 그 성령님이 주시는 은사는 다양합니다. 이렇게 다양한 은사를 주신 것은 서로 비교하거나 비판하게 하시기 위함이

아니라 서로 협력해서 그리스도의 몸인 교회를 온전하게 하시려는 것입니다.

2) 믿음의 정도가 다릅니다.

믿음이 연약한 자를 너희가 받되 그의 의견을 비판하지 말라(롬 14:1).

성숙한 그리스도인이라면 믿음이 연약한 지체에 대하여 세심하게 배려를 해야 합니다. 특히 그들이 나로 인하여 실족하거나 죄에 빠지지 않도록 언행을 조심해야 합니다. 먼저 믿은 성도들이 이렇게 주의를 한다면 교회는 은혜로운 천국이 될 것입니다.

3) 인간적인 배경이 다릅니다.
그리스도의 몸인 교회 안에 편견과 편애와 차별이 있다면 그것은 하나님의 법을 어기는 것입니다. 우리는 모두 그리스도 안에서 하나입니다. 부유한 사람이나 가난한 사람, 젊은 사람이나 나이 든 사람, 남자나 여자 모두 주 안에서 소중한 존재이기 때문에 서로 사랑하며 하나가 되어야 합니다.

† 나눔

우리 교회가 주 안에서 하나가 되기 위하여 당신이 해야 할 역할은 무엇입니까?

4. 서로 사랑해야 합니다.
   예수님이 강조하시면서 주신 새 계명은 무엇인가요?(요 13:34)

   그리스도인이 되었다는 것은 하나님의 가족으로 다시 태어났다는 것을 의미합니다. 그러므로 모든 성도는 교회 안에서 한 가족인 형제와 자매로서 서로 사랑해야 합니다.

5. 서로 덕을 세워야 합니다.
   교회 공동체가 주 안에서 하나 되기 위하여 각 구성원들이 노력해야 할 것은 무엇인가요?(살전 5:11)

🕆 나눔
당신은 어떤 방법으로 당신이 속한 교회 공동체에서 덕을 끼치고 있습니까?

주 안에서 한 가족이 된 성도들은 하나님의 말씀으로 서로 권면하고 세워 주면서, 동시에 서로 덕을 세워 가면서 교회 생활을 해야 합니다. 그래야 교회 공동체를 천국으로 만들어 갈 수 있습니다.

🕆 나눔
당신이 하나님과의 교제의 중심인 예배와 성도들과의 교제에서 새롭게 알게 된 것은 무엇입니까? 중요한 내용을 당신의 말로 고백해 보세요.

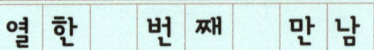

전도

이 과의 목표
❶ 세상과 세상일에 대한 성경적인 관점을 배운다.
❷ 전도의 구체적인 방법을 배운다.

준비 과제
로마서 1:16을 암송하기
주일 설교 적기
요한일·이·삼서와 유다서 읽기
'전도' 미리 공부하기
매일 큐티하기

예수님은 우리를 죄에서 구원해 주시기 위하여 이 땅에 오셨습니다. 그리고 우리의 죄를 대신하여 십자가에서 죽으셨다가 삼 일 만에 부활하셨습니다. 누구든지 예수님을 믿으면 구원을 얻고 영원한 생명을 누릴 수 있습니다. 하나님은 이 좋은 소식이 먼저 구원을 얻은 사람들을 통해서 많은 사람에게 전해지길 원하십니다. 예수님은 당신이 십자가와 부활을 통해서 이루어 놓으신 구원이 땅끝까지 전해질 수 있도록 제자들에게 두 가지 사명을 주셨습니다.

첫 번째 사명은 무엇입니까?

마태복음 28:19-20

그러므로 너희는 가서 모든 민족을 제자로 삼아 아버지와 아들과 성령의 이름으로 세례를 베풀고 내가 너희에게 분부한 모든 것을 가르쳐 지키게 하라 볼지어다 내가 세상 끝날까지 너희와 항상 함께 있으리라 하시니라

두 번째 사명은 무엇입니까?

사도행전 1:8

오직 성령이 너희에게 임하시면 너희가 권능을 받고 예루살렘과 온 유대와 사마리아와 땅끝까지 이르러 내 증인이 되리라 하시니라

롬 1:16
내가 복음을 부끄러워하지 아니하노니 이 복음은 모든 믿는 자에게 구원을 주시는 하나님의 능력이 됨이라 먼저는 유대인에게요 그리고 헬라인에게로다

이 사명은 특정한 사람들에게만 주어진 것이 아니라 모든 그리스도인이 순종해야 하는 사명이라는 사실을 기억해야 합니다. 그리고 이 사명을 잘 감당하기 위해서는 우리가 살고 있는 이 세상과 우리가 하고 있는 세상일에 대하여 성경적으로 이해할 필요가 있습니다.

세상과 세상일에 대한 이해

1. 세상에 대한 이해

   전통적으로 교회와 세상의 관계에 대한 입장은 다음과 같이 세 가지입니다.

   ① 대립으로 보는 반대의 입장
   ② 타협으로 보는 중재의 입장
   ③ 정복으로 보는 변혁의 입장

이 세 가지 입장 중에서 그리스도인들이 취해야 할 가장 건전한 입장은 변혁의 입장입니다. 그리스도인들은 세상으로부터 교회로 부름을 받은 사람들입니다. 그리고 다시 세상으로 보냄을 받은 사람들입니다. 그러므로 우리가 살고 있는 세상은 복음으로 변혁시켜야 할 곳임을 모든 그리스도인은 기억해야 합니다.

> 🕆 **나눔**
>
> 당신은 지금까지 세상에 대하여 어떤 이해를 가지고 살아왔습니까?

2. 세상의 일에 대한 이해

하나님은 우리의 신앙생활에만 관심을 가지고 계신 분이 아닙니다. 우리가 하고 있는 공부와 동아리 활동, 일과 사회 활동과 같은 일상생활에 관해서도 관심을 가지고 계십니다. 왜냐하면 하나님은 그만큼 우리를 사랑하시기 때문입니다. 그러므로 그리스도인들은 모든 활동을 하나님께는 영광을 올려 드리고, 사람들에게는 봉사하는 기회로 삼아야 합니다. '나는 학생이고 청소년이지만 동시에 하나님을 믿는 그리스도인이다'라는 정체성을 가지고 생활해야 합니다.

1) 아담의 범죄로 인하여 인간에게 어떤 결과가 생겼습니까?(창 3:17-18)

일은 하나님의 창조의 원리에 속합니다. 그러나 일에 고통이 동반하게 되었습니다. 그러므로 그리스도인들은 주어진 일을 책임 있게 감당해야 합니다.

2) 생업을 위한 일들을 할 때 그리스도인으로서 어떤 태도로 감당해야 할까요?(골 3:23)

그리스도인은 교회의 일만 열심히 해서는 안 됩니다. 교회 밖에서 하는 일도 주님을 위한 일로 알고 최선을 다해서 해야 합니다. 그래야 복음을 제대로 전할 수 있기 때문입니다.

> **나눔**
>
> 당신은 지금까지 어떤 자세를 가지고 맡은 일을 해 왔나요?

전도

전도는 은사가 있는 사람만이 하는 것이 아닙니다. 모든 그리스도인이 감당해야 하는 예수님의 명령입니다. 전도를 주관하시는 성령님은 그리스도인들을 통해서 복음이 땅끝까지 전해지길 원하십니다. 그런데 효과적으로 전도하기 위해서는 철저한 준비가 필요합니다.

1. 전도의 기본자세

   1) 사도 바울은 자신이 전도를 해야만 하는 이유가 무엇이라고 고백했습니까?(롬 1:16)

   _____

   2) 사도 바울이 아나니아를 통해서 알게 된 전도자의 역할은 무엇입니까?(행 22:15)

   _____

그리스도인들이 전도를 해야 하는 이유는 우리가 복음의 빚을 진 사람들이기 때문입니다. 행위가 아닌 믿음과 은혜로 얻은 구원을 누군가에게 전해 주는 것만이 그 빚을 갚는 방법입니다.

2. 전도 방법

1) 생활을 통한 전도

전도는 따로 정해 놓은 시간이나 기회를 이용해서 할 수도 있지만 더 좋은 것은 우리의 일상이 곧 전도의 장이 되게 하는 것입니다.

① 그리스도인들이 불신자들을 위한 구원의 통로가 되기 위하여 필요한 것은 무엇입니까?(마 5:16)

_____

② 그리스도인들이 무슨 일을 하든지 불평이나 분쟁 없이 해야 하는 이유는 무엇입니까?(빌 2:14-15)

_____

선한 행위는 구원의 조건이 되는 것은 아니지만 구원의 문을 열게 해 주는 역할을 할 수 있습니다. 그러므로 그리스도인들이 일상생활에서 주변 사람들에게 끼치는 선한 영향력은 뜻밖의 열매를 얻게 해 줄 수 있습니다. 그런 점에서 다음의 글은 많은 도전을 줍니다. 소리 내어 읽어 보세요.

> 여러분은 날마다 복음의 편지를 한 장씩 쓰고 있지요.
> 여러분이 행하는 행동과 말로 말입니다.
> 사람들은 여러분이 쓰는 편지를 읽지요.
> 거짓이거나 진실이거나 여러분은 어떤 복음을
> 전하고 있습니까?

생활 전도를 위한 Tips

① 하나님이 기회를 주실 때 전도를 할 수 있도록 항상 준비를 해 놓아야 합니다.

② 사람을 만나는 기회를 하나님이 예비하신 기회로 생각하십시오.

③ 대화 중 주제를 자연스럽게 예수님께로 돌려 보십시오.

④ 일대일로 만나는 것이 어려운 상황에서는 전도지를 나누어 줍니다.

✝ 나눔

생활을 통한 전도 방법은 당신의 삶에 어떤 도전을 줍니까?

2) 간증을 통한 전도

복음을 효과적으로 전하려면 먼저 복음을 자기의 말로 설명할 수 있어야 합니다. 다음 질문들의 답은 복음의 핵심을 설명하는 데 도움이 될 것입니다.

① 예수님을 왜 믿어야 합니까?(롬 3:23)

② 예수님은 어떻게 믿습니까?(롬 10:9-10)

③ 예수님을 믿으면 어떤 결과가 나타납니까?(요 3:16)

④ 상황에 따라서는 자신의 간증을 나누는 것이 효과적일 수 있습니다.

예수님께 고침을 받은 맹인은 어떻게 간증을 했습니까?(요 9:25)

_____

당신만의 짧은 간증문을 다음 세 가지를 참고하여 작성해 보세요.

◆ 예수님을 믿기 전 나의 생활은?
◆ 예수님을 믿게 된 동기는?
◆ 예수님을 믿은 후 변화된 것은?

✝나눔

위의 세 가지 질문의 답으로써 당신의 간증을 해 보세요.

_____
_____
_____
_____

3. 전도를 위한 훈련

전도를 효과적으로 하려면 훈련이 필요합니다. 다음에 소개하는 방법을 배워서 전도를 하게 되면 많은 열매를 맺을 수 있습니다. 혼자서 전도하는 것이 자신이 없으면 전도 학교에 등록해서 훈련을 받아 보세요. 능숙하게 전도할 수 있게 될 것입니다.

1) 사영리 전도법

사영리는 네 가지 영적 원리를 통해서 복음을 가장 간단하면서도 정확하게 전달해 주는 방법입니다. 소책자를 보여 주면서 설명을 하기 때문에 짧은 시간에 집중력 있게 전도를 할 수 있는 것이 장점입니다.

2) 전도폭발 전도법

전도폭발은 대상자에게 접근해 질문을 던져서 관심을 갖게 하고 복음을 설명하는 전도 방법입니다. "만약 오늘 밤 당신이 죽는다면 천국에 들어갈 확신을 가지고 있습니까?" "만약 하나님이 '내가 왜 너를 천국으로 들어가게 해야 하느냐?'라고 물으신다면 어떻게 대답을 하겠습니까?" 이와 같은 질문을 던지면서 복음을 설명하는 방법으로서 전 세계에서 많이 사용되고 있는 전도 방법입니다.

3) 최고의 행복 전도법

최고의 행복은 "예수님을 만나는 것이 인생의 최고 행복입니다"라는 주제로 복음을 설명해 주는 전도 방법입니다. 이 방법은 처음 만난 사람에

게 "요즘 행복하십니까?"라는 질문을 던져서 대화를 시작하는 것이 특징입니다.

4) 온라인 전도법

오늘날 우리 사회는 대부분 온라인으로 움직이고 있다고 해도 과언이 아닙니다. 전도 방법도 예외는 아닙니다. SNS를 활용하면 전도의 열매를 놀랍게 맺을 수도 있습니다. 인스타그램, 유튜브, 블로그 등에서 전도용 영상이나 이미지를 나누는 것도 전도의 좋은 방법이 될 수 있습니다.

그러나 무엇보다도 중요한 것은 성령님을 철저하게 의지하는 것입니다. 전도에 있어서 가장 필요한 것은 성령님의 도움입니다. 왜냐하면 구원의 문을 여시는 분이 성령님이시기 때문입니다.

†나눔

당신이 전도에 관하여 배운 내용을 당신의 말로 설명해 보세요.

그리스도가 다스리는 삶

。 열두 번째 만남　　　성령 충만한 삶
。 열세 번째 만남　　　시험을 이기는 삶
。 열네 번째 만남　　　순종하는 삶
。 열다섯 번째 만남　　사역하는 삶

열 두 번 째 만 남

성령 충만한 삶

이 과의 목표
❶ 성령 충만의 의미와 이유를 배운다.
❷ 성령 충만한 방법과 삶을 배운다.

준비 과제
에베소서 5:18을 암송하기
주일 설교 적기
에베소서 읽기
'성령 충만한 삶' 미리 공부하기
매일 큐티하기

예수님을 믿고 구원을 얻으면 우리 안에 성령님이 내주하십니다. 성령님은 구원을 얻은 성도들의 마음을 당신의 거처로 삼으시기 때문입니다(고전 3:16). 성령님은 우리를 거듭나게 하실 뿐 아니라 그리스도 중심으로 살아갈 수 있는 힘을 공급해 주시는 분입니다. 그러나 성령님이 거하신다고 해서 모든 그리스도인이 성령으로 충만한 것은 아닙니다. 지금까지 배운 그리스도가 다스리는 삶의 네 영역인 성경(말씀), 기도, 교제, 전도에서 더욱 성장하려면 성령 충만을 받아야 합니다.

엡 5:18
술 취하지 말라 이는 방탕한 것이니 오직 성령으로 충만함을 받으라

1. 성령 충만이란 무엇입니까?

_____

_____

에베소서 5:18을 읽어 보세요. 성령 충만과 술 취함은 어떤 공통점을 가지고 있습니까?

_____

_____

충만이라는 말은 '지배를 받는다'는 뜻입니다. 성령 충만이란 성령님께 온전히 붙잡힌 상태를 의미합니다. 다시 말하면, 성령님이 온전히 다스리시는 상태입니다. 그러므로 그리스도가 다스리시는 생활을 하려면 성령 충만이 반드시 필요합니다. 성령 세례는 예수님을 믿고 구원 얻을 때 일회적으로 경험하는 영적 사건이지만 성령 충만은 지속적으로 경험되어야 하는 것입니다. 왜냐하면 그리스도인은 성령님으로 인하여 구원을 얻고 성령님으로 말미암아 살아가는 사람이기 때문입니다.

✝ 나눔

당신은 성령님을 어떻게 알고 믿고 있습니까?

2. 왜 성령 충만해야 합니까?

   1) 성령님의 능력을 얻기 위하여

   예수님의 증인이 될 수 있는 능력은 어디에서 오는 것일까요?(행 1:8)

   _____

   2) 죄와 세상의 유혹을 이기기 위하여

   육체의 욕심을 따라 살려는 몸의 행실을 이길 힘은 어디에서 오는 것일까요?(롬 8:13)

   _____

   3) 하나님의 뜻을 알고 행하기 위하여

   하나님의 깊은 뜻과 계획을 알고 행하기 위하여 필요한 것은 무엇입니까?(고전 2:10)

   _____

   4) 말씀대로 순종하면서 생활하기 위하여

   성령님은 성령 충만한 성도들 안에서 어떤 역할을 하십니까?(겔 36:27)

   _____

우리가 예수님을 믿고 새로운 생활을 하더라도 몸을 갖고 이 세상에서 사는 한 죄를 지을 수밖에 없습니다. 왜냐하면 우리 안에서 육체의 욕망과 성령이 서로 충돌하기 때문입니다(갈 5:17). 사도 바울은 원하는 선은

행하지 않고 원하지 않는 악을 행하는 자신의 연약함을 보면서 "오! 나는 비참한 사람이로다. 이 사망의 몸에서 누가 나를 건져 내리오"라고 탄식했습니다(롬 7:24). 우리의 의지와 노력만으로는 죄를 이길 수 없습니다. 하나님의 뜻과 계획도 알 수 없습니다. 하나님의 말씀대로 순종하면서 생활하려면 성령 충만이 필요합니다.

✝ 나눔

당신은 언제 어떤 상황에서 성령 충만의 필요성을 느꼈습니까?

3. 성령 충만의 결과는 무엇입니까?

   1) 일상생활에서 그리스도의 성품이 드러납니다.

   성령 충만한 사람들에게 나타나는 아홉 가지 열매는 무엇입니까?
   (갈 5:22-23)

   _____

   이것은 그리스도인들이 맺어야 할 그리스도의 성품이기도 합니다.

   2) 담대히 복음을 전하게 됩니다.

   기도를 통해서 성령이 충만해진 사람들이 한 일이 무엇입니까?(행 4:31)

   _____

3) 승리하는 생활을 할 수 있습니다.
성령을 따라 사는 성도들에게는 어떤 결과가 나타납니까?(롬 8:13, 갈 5:16)
___

4) 필요에 따라 각종 은사가 나타납니다.
함께 모여 기도하다가 성령 충만하게 된 성도들에게 어떤 일이 일어났습니까?(행 2:4)
___

하나님은 성령 충만한 사람들에게 각 사람의 필요를 따라서 각종 은사를 주십니다(롬 12:6-8, 고전 12:4-11). 성도들은 그 은사를 알고, 감사하면서 하나님께 영광을 돌리고, 교회의 덕을 세우기 위하여 사용해야 합니다. 그리고 성령님은 성도로서 거룩하게 살아갈 수 있는 힘을 주시며, 어떤 풍파에도 흔들리지 않는 믿음을 갖게 하시고, 하나님의 뜻을 이루는 인생을 살아가게 하십니다.

† 나눔

당신의 생활에서 성령님의 능력을 소멸시키고 있는 불신앙적 요소는 없습니까?

4. 성령 충만은 어떻게 받을 수 있습니까?
1) 성령 충만의 필요를 알고 지속적으로 기도해야 합니다.

하나님은 믿음으로 기도하는 사람들에게 무엇을 약속하셨습니까?(눅 11:13)

_____

2) 죄를 회개하고 자신을 정결하게 해야 합니다.
   죄는 그리스도인의 삶에서 어떤 역할을 합니까?(엡 4:30)

_____

3) 하나님의 말씀에 순종해야 합니다.
   하나님은 말씀대로 순종하는 사람들에게 무엇을 약속하셨습니까?(행 5:32)

_____

성령 충만은 받는 것도 중요하지만 지속적으로 성령 충만한 가운데 사는 것이 더욱 중요합니다. 성령 충만하기 위해서는 먼저 자신의 연약함과 부족함을 인정하고 성령님의 능력을 간구해야 합니다. 매일 드리는 기도 내용에 성령 충만이 포함되어야 합니다. 한편 죄와 불순종은 성령의 능력을 소멸시키는 역할을 합니다. 그러므로 성령 충만하려면 지은 죄를 회개하고 말씀대로 순종하는 생활을 해야 합니다.

나눔

당신이 성령 충만에 관하여 배운 내용을 당신의 말로 설명해 보세요.

열 세 번 째 만 남

시험을 이기는 삶

> **이 과의 목표**
> ❶ 그리스도인이 경험하는 시험에 관하여 알아본다.
> ❷ 시험을 이기는 방법에 관하여 배운다.

> **준비 과제**
> 고린도전서 10:13을 암송하기
> 주일 설교 적기
> 야고보서 읽기
> '시험을 이기는 삶' 미리 공부하기
> 매일 큐티하기

그리스도인의 삶의 여정에는 반드시 시험이 있습니다. 성령 충만한 삶을 살아도 이 세상에서 육신을 입고 사는 한 시험을 피할 수가 없습니다. 왜냐하면 사탄이 지속적으로 믿는 자들을 넘어뜨리기 위하여 다양한 방법으로 유혹하기 때문입니다. 그러나 하나님은 우리가 어떤 시험을 당할지라도 하나님과 함께 시험을 이겨 내면서 그분의 뜻대로 살아가길 원하십니다.

성경에서 말하는 시험은 두 종류입니다. 신약성경에서 사용되는 '시험'(헬라어 'Peirasmos')은 '시련'과 '유혹'의 의미를 다 포함하고 있는 단어입니다. 그리스도인들은 이 두 가지 시험을 통해서 믿음이 테스트를 받게 되고, 승리하는 과정을 거치면서 신앙이 성장합니다.

고전 10:13
사람이 감당할 시험밖에는 너희가 당한 것이 없나니 오직 하나님은 미쁘사 너희가 감당하지 못할 시험당함을 허락하지 아니하시고 시험당할 즈음에 또한 피할 길을 내사 너희로 능히 감당하게 하시느니라

시험에 관한 성경적인 이해

1. 시련(trials)

    1) 그리스도인들이 직면하는 첫 번째 시험은 무엇입니까?(약 1:2-4)

    _____

    2) 시련이라는 시험을 통과한 사람들에게는 어떤 결과가 나타납니까?
       (약 1:12)

    _____

성도들이 시련이라는 시험을 받을 때 취해야 하는 태도는 기뻐하는 것입니다. 왜냐하면 시련을 통해서 믿음이 연단을 받고, 인내를 배우게 되며, 결국 성숙한 신앙인으로 성장하기 때문입니다. 그리고 승리를 통해서 믿음을 인정받게 되면 결국엔 약속된 생명의 면류관을 받을 것이기 때문입니다.

✝ 나눔

당신은 그동안 경험한 고난을 통해서 신앙이 어떻게 성장했습니까?

2. 유혹(temptation)

    1) 그리스도인들이 직면하는 두 번째 시험은 무엇입니까?(약 1:13)

    _____

2) 성도들이 유혹이라는 시험에 넘어지는 원인은 무엇입니까?(약 1:14-15)

성도들은 유혹이라는 시험을 당할 때 하나님이 나를 시험하셨다고 말해서는 안 됩니다. 왜냐하면 하나님은 성도들의 영적 성장을 위하여 선하신 뜻을 가지고 시련을 당하게는 하시지만 우리가 넘어지도록 유혹하시는 분은 아니기 때문입니다. 믿는 사람들이 유혹에 쉽게 넘어지는 이유는 자기 욕심에 이끌리기 때문일 뿐입니다.

✝ 나눔

당신이 지금까지 살아오면서 뿌리치기 어려운 유혹은 무엇이었습니까?

3. 시험을 이기는 방법

그리스도인들의 삶의 여정에서는 시련과 유혹이라는 시험을 피할 수가 없습니다. 그러므로 성경적으로 시험을 대처하는 방법을 배울 필요가 있습니다. 고린도전서 10:13을 읽어 보세요.

1) 성도가 직면하는 시험은 어떤 특성을 가지고 있습니까?

---

2) 하나님은 믿는 자들의 시험에 대하여 어떻게 배려해 주셨습니까?

---

3) 하나님이 가르쳐 주신, 시험을 이길 수 있는 방법은 무엇입니까?

모든 그리스도인은 다양한 시험을 당합니다. 그러나 그 시험은 충분히 이겨 낼 수 있는 수준이라는 사실을 기억해야 합니다. 왜냐하면 하나님은 우리가 감당할 수 없는 시험당함을 허락하지 않으시기 때문입니다. 그러므로 시험을 당할 때에는 하나님의 능력을 의지하면서 하나님의 선하신 뜻을 말씀 속에서 찾아봅니다. 그리고 인내하면서 하나님의 지혜, 곧 피할 길을 구하는 것이 중요합니다.

사탄의 공격

이 과에서는 사탄의 유혹에 관하여 더 깊게 공부하고자 합니다. 왜냐하면 사탄은 모든 악의 근원이기 때문입니다. 마귀 혹은 사탄은 인격적이고 초자연적인 영적 존재입니다. 성경은 사탄이 타락한 천사라고 말합니다. 사탄은 직접 혹은 자기가 이용할 수 있는 모든 것을 동원하여 그리스도인들을 공격합니다. 사탄은 주로 다음과 같은 세 가지의 경로를 통해서 공격합니다. 사탄의 공격 루트를 아는 것은 승리하는 생활에 많은 유익을 줍니다.

1. 사탄은 직접 그리스도인들을 공격합니다.

   1) 사탄은 가룟 유다를 어떻게 공격했습니까?(눅 22:3, 요 13:2)

사탄은 하나님에 대한 불신앙이나 구원을 의심케 하는 생각 또는 죄를 가볍게 여기는 생각을 불어넣어 신앙의 근본이 흔들리도록 공격한다는 사실을 알아야 합니다.

2) 사탄의 직접 공격에 맞서는 방법은 무엇입니까?(약 4:7)

───────────────────────────────

사탄의 직접적인 공격을 무력화시키기 위해서는 악한 생각이 들 때마다 예수님처럼 "사탄아, 물러가라!"라고 담대하게 대적하고 선포하는 것이 필요합니다.

✝나눔

당신은 어떻게 사탄으로부터 직접 공격을 받고 있습니까?

2. 사탄은 세상을 통해서 그리스도인들을 공격합니다.
   1) 사탄은 어떻게 세상을 통해서 공격하고 있습니까?(요일 2:16)

───────────────────────────────

사탄은 육체의 본능과 물질에 대한 탐욕 그리고 세상의 가치관과 비성경적 문화와 유행을 따라 살도록 그리스도인들을 유혹하고 있다는 사실을 알아야 합니다.

2) 사탄의 간접 공격에 맞서는 방법은 무엇입니까?(시 119:9, 11)

성경 말씀을 묵상하고 암송하는 것은 사탄의 공격에 대응하는 최고의 방법입니다. 왜냐하면 지속적인 말씀 묵상은 영적 분별력을 갖게 해 사탄의 속임수에 넘어가지 않게 해 주기 때문입니다.

†나눔

당신이 삶의 환경에서 받고 있는 사탄의 공격은 무엇입니까?

3. 사탄은 육체의 욕심을 통해서 그리스도인들을 공격합니다.
   1) 다윗은 사탄의 어떤 유혹에 넘어졌습니까?(삼하 11:1-4)

성도들을 가장 무기력하게 만드는 사탄의 강력한 무기는 바로 육체의 욕심을 부추기는 것입니다. 육체의 본능적인 욕구 자체는 죄가 아닙니다. 그러나 그 욕구가 잘못 사용될 때 죄가 되는 것입니다.

2) 요셉은 육체의 욕심을 부추기는 사탄의 유혹을 어떻게 이겼습니까?
   (창 39:9-10, 12)

정욕의 시험을 이기려면 일단 현장을 피하는 것이 중요합니다(딤후 2:22). 그리고 영적 공동체에 소속되어 성령을 따라 살게 되면 육체의 욕심을 추구하지 않고 살 수 있습니다(갈 5:16).

✝ 나눔

당신이 사탄의 유혹에 넘어지지 않기 위하여 피해야 할 것들은 무엇인가요?

그리스도인들이 유혹을 이기면서 살기 위해서는 평상시 훈련이 필요합니다. 시험에 들지 않기 위하여 기도가 필요합니다(눅 22:40). 하나님의 능력과 약속을 신뢰하는 믿음도 필요합니다(요일 5:4). 그리고 영적 분별력을 키워주는 하나님의 말씀을 묵상하며 시험을 향한 대적과 선포를 매일 시행해야 합니다.

사탄의 공격 방법과 성도가 이기는 방법을 요약하면 다음과 같습니다.

유혹의 경로	유혹의 특징	유혹을 이기는 방법
직접	신앙의 근본 공격	말씀으로 무장
세상	외부로부터 공격	경건생활 점검
육체의 욕심	내부로부터 공격	대적하고 피함

✝ 나눔

시험을 이기는 생활에서 무엇을 배웠는지 당신의 말로 고백해 보세요.

| 열 | 네 | 번 | 째 | 만 | 남 |

순종하는 삶

이 과의 목표
❶ 순종에 관한 성경적인 의미를 배운다.
❷ 순종하는 삶에 관하여 배우고 실천한다.

준비 과제
누가복음 9:23을 암송하기
주일 설교 적기
골로새서 읽기
'순종하는 삶' 미리 공부하기
매일 큐티하기

모든 그리스도인은 구원을 얻는 순간부터 순종학교에 입학한 것과 같습니다. 왜냐하면 우리는 자신의 뜻대로 살던 모든 방법을 내려놓고 하나님의 말씀대로 살기 위하여 구원을 얻었기 때문입니다. 예수님을 따른다는 것은 자신의 삶을 위한 하나님의 계획과 뜻을 받아들인다는 것을 의미합니다. 다시 말하면, 자신의 삶을 무조건적으로 하나님께 바치며 그분의 뜻에 복종한다는 것입니다.

또한 그리스도인의 삶의 여정에 있어서 순종은 성숙으로 들어가는 문이라고도 할 수 있습니다. 순종이 없으면 성숙도 없기 때문입니다. 주님의 일을 하기 위해서는 먼저 그분의 말씀에 순종하는 법을 배워야 합니다.

눅 9:23
또 무리에게 이르시되 아무든지 나를 따라오려거든 자기를 부인하고 날마다 제 십자가를 지고 나를 따를 것이니라

순종의 의미

1. 베드로는 이른 아침에 깊은 데로 가서 그물을 던지라는 예수님의 말씀에 대하여 어떻게 순종했습니까?(눅 5:5)

베드로는 예수님의 말씀이 평생 어부로 살아온 자신의 상식에 어긋나는 명령이었지만 자기의 경험을 내려놓고 말씀대로 순종했습니다. 순종이란 내 뜻을 포기하고 하나님의 말씀을 따르는 것입니다. 물론 이것이 쉬운 것은 아닙니다. 그래서 순종은 가치가 있습니다. 또한 순종은 믿음의 외적인 표현입니다. 하나님을 신뢰하기 때문에 그분의 말씀에 순종합니다. 그리고 그분의 말씀에 순종함으로 믿음이 증명되는 것입니다.

🎗️ **나눔**

당신이 자신의 지식과 경험의 한계를 넘지 못해서 순종하기 어려운 것은 없습니까?

2. 믿음의 사람들이 예수 그리스도께 전적으로 순종해야 하는 이유를 다음의 성경 말씀에서 찾아보세요.

   1) 마태복음 28:18

2) 요한복음 5:27

3) 빌립보서 2:8-11

믿음의 사람들이 그리스도께 전적으로 순종해야 하는 이유는 그분이 모든 권세뿐 아니라 심판하는 권세를 가지신 분이기 때문입니다. 예수님은 모든 권력과 권세 중에 머리가 되시는 분입니다. 하나님은 하늘과 땅과 땅 아래 있는 사람들까지 그분의 이름 앞에 무릎을 꿇게 하셨고 예수님을 주인으로 삼게 하셨습니다. 예수님의 권위 앞에서 그분의 말씀에 순종하면서 사는 사람이 그리스도인이라는 것을 항상 기억할 필요가 있습니다.

순종의 대상

1. 그리스도인들이 주님께 순종하기 위해서는 먼저 자신을 부인할 수 있어야 합니다. 주님께 순종하기 위하여 자기를 부인해야 하는 영역에는 무엇이 있을까요?(눅 14:26, 33)

   1) 가족

2) 자기 자신

___

3) 소유

___

4) 기타

___

예수님을 위해서라면 가족은 버려도 좋다고 오해하는 경우가 있습니다. 이 말씀은 삶의 우선순위를 예수님께 두어야 한다는 것을 의미합니다. 그리고 물질주의가 만연한 현대 사회에서 우리가 순종하기가 가장 어려운 것이 바로 돈입니다. 그러나 돈의 주인은 하나님이시기 때문에 그분을 위해서라면 기꺼이 순종할 수 있어야 합니다. 그리고 헌금을 잘하고 구제도 잘하는 것만으로는 부족합니다. 일상생활에서 사치하고 낭비를 한다면 돈에 있어서 완전한 순종을 한다고 볼 수는 없기 때문입니다.

✝ 나눔

당신의 생활에서 자기를 부인하기가 가장 어려운 영역은 무엇입니까?

2. 순종이란 자기를 부인하고 주님의 말씀을 따르는 것만 의미하지 않습니다. 우리 삶의 모든 영역이 순종의 영역이라는 사실을 기억해야 합니다. 일상생활에

서 직면하는 고난을 이해하는 것은 순종하는 생활에 많은 유익을 줍니다.

1) 하나님은 우리 인생을 어떻게 섭리하십니까?(전 7:14)

_____

2) 순종하는 그리스도인은 직면하는 고난을 어떻게 이해해야 할까요?

    (롬 8:17-18, 빌 1:29)

_____

삶의 주권자가 되시는 주님께 온전한 순종을 하기 위해서는 우리 인생을 향한 하나님의 섭리를 이해하는 것이 중요합니다. 예수님은 고난까지도 순종하심으로 믿는 자들에게 좋은 본이 되어 주셨습니다. 고난도 하나님의 뜻임을 알고 순종하는 것이 가장 성숙한 신앙입니다.

†나눔

당신은 이해할 수 없는 하나님의 섭리 때문에 아직도 고민하고 있는 문제가 있습니까?

3. 그리스도인들은 순종의 관계 속에서 생활을 하고 있습니다. 그것은 하나님의 질서이기도 합니다. 다음의 성경 말씀에서 순종의 대상을 찾아보세요.

1) 가정에서(엡 5:22, 25, 6:1)

_____

2) 교회에서(벧전 5:5)

_____

3) 학교(직장)에서(골 3:22)

_____

4) 사회에서(롬 13:1)

_____

그리스도인들이 절대적으로 순종해야 하는 대상은 예수 그리스도 한 분뿐이십니다. 나머지의 대상들에게는 절대적으로 복종해야 하는 것은 아닙니다. 신앙을 지키기 위하여 혹은 주님께 순종하기 위하여 이들에게 불복해야 할 때도 있습니다(행 4:19).

✝나눔

당신은 지금까지 살아오면서 주님께 대한 순종과 사람에 대한 순종 사이에서 갈등해 본 경험이 있습니까?

순종의 사례

세상의 역사를 바꾸어 놓은 불순종과 순종이 있습니다. 로마서 5:18-19을 읽어 보세요.

1. 아담은 어떻게 불순종했으며 그 결과는 무엇입니까?
   _____

2. 예수님은 어떻게 순종하셨으며 그 결과는 무엇입니까?
   _____

그리스도인은 순종과 불순종 사이에서 생활합니다. 하나님의 말씀과 자신의 주장 사이에서 갈등하면서 생활합니다. 사실 그 갈등이 개인의 생활은 물론 신앙생활도 어렵게 합니다. 그러나 불순종과 순종의 결과를 분명히 알게 되면 기꺼이 순종하는 생활을 할 수 있습니다. 아담의 불순종의 결과로 우리는 죄인이 되었고 예수님의 순종의 결과로 우리는 의인이 될 수 있었습니다.

> **✝ 나눔**
> 당신은 순종과 불순종 사이에서 고민하고 있는 문제가 있습니까?

순종의 결과

주님께 온전히 순종하는 것은 쉬운 일이 아닙니다. 그러나 순종의 결과를 보면 아무리 어려워도 말씀대로 순종하는 것이 지혜로운 것입니다.

1. 영혼이 정결하게 됩니다(벧전 1:22).

말씀대로 순종하는 것이 반복될수록 마음이 청결한 사람이 되고 순전한 영혼이 됩니다.

2. 하나님과 친밀한 관계를 갖게 됩니다(요 14:23, 15:10).

순종은 하나님을 사랑하는 믿음의 표현으로써 순종을 하면 그분과 친밀한 관계 속에서 생활을 하게 됩니다.

3. 성경에서 약속한 복을 받습니다(창 22:18).

성경에서 약속한 모든 복은 순종하는 사람에게만 주어집니다. 그러므로 자신의 삶을 복되게 하려면 순종하는 생활을 해야 합니다.

4. 하나님의 뜻을 이루게 됩니다(출 3:10).

순종은 개인의 문제를 넘어서서 궁극적으로 하나님의 뜻을 성취하는 결과를 낳습니다. 왜냐하면 하나님은 순종하는 사람들을 통해서 당신의 계획을 실행하시기 때문입니다.

✝ 나눔

당신이 지금까지 살아오면서 순종 혹은 불순종을 통해서 얻은 결과가 있다면 무엇입니까?

순종하기를 지체하는 것이 곧 불순종입니다.

† 나눔

당신이 순종에 대하여 배운 내용이 무엇인지 당신의 말로 설명해 보세요.

열다섯 번째 만남

사역하는 삶

이 과의 목표
❶ 성경적인 교회, 성도, 은사, 직업관, 세계관에 대하여 배운다.
❷ 사역에 참여하는 열매 맺는 삶이 무엇인지 배운다.

준비 과제
베드로전서 2:9을 암송하기
주일 설교 적기
베드로전·후서 읽기
'사역하는 삶' 미리 공부하기
매일 큐티하기

하나님은 우리를 죄와 사망에서 구원해 주셨습니다. 인간이 죄의 문제를 해결할 수 없는 무능력한 존재인 것을 안타깝게 여기신 하나님은 스스로 인간이 되셔서 십자가의 대속이라는 엄청난 희생을 치르시고 우리를 구원으로 불러 주셨습니다. 이때부터 우리는 하나님의 사랑받는 자녀라는 새로운 신분을 가지고 그분과 동행하면서 이전과는 다른, 완전히 새로운 인생을 살게 되었습니다.

그러나 하나님의 부르심은 여기에서 멈추지 않습니다. 하나님은 우리를 다음 단계로 부르셨습니다. 그것은 바로 사명으로의 부르심입니다. 하나님은 놀라운 계획과 준비 속에서 모든 일을 행하십니다. 그리고 그 일들을 부르심에 응답한 준비된 사람들을 통해서 행하십니다. 특히 하나님은 순종하는 사람들을 통해서 당신의 계획을 진행하십니다.

그런데 주님의 은혜와 사랑을 경험한 사람들은 자연스럽게 자신도 주님을 위하여 뭔가를 하고 싶은 마음이 생깁니다. 그것은 우리 안에서 역사하시는 성령님의 권고하심 때문입니다. 그래서 예배만 드리거나 자신이 필요한 것만을 하나님께 얻으려는 소극적인 자세로 신앙생활을 할 수 없습니다. 주님의 교회를 위하여 뭔가를 하고자 하는 열망에 이끌려 가게 됩니다.

그러나 하나님이 맡기신 사명을 잘 감당하기 위해서는 다섯 가지 중요한 요소를 알아야 합니다. 그래야만 자기중심의 사역이 아닌 하나님을 위한 하나님 중심의 사역을 감당할 수 있습니다.

벧전 2:9
그러나 너희는 택하신 족속이요 왕 같은 제사장들이요 거룩한 나라요 그의 소유가 된 백성이니 이는 너희를 어두운 데서 불러 내어 그의 기이한 빛에 들어가게 하신 이의 아름다운 덕을 선포하게 하려 하심이라

1. 성경적인 교회

성도가 교회 안에 있다는 말은 성경적인 표현이 아닙니다. 성도가 교회를 위해서 일한다는 말 또한 성경적 표현이 아닙니다. 성도가 교회에서 일한다는 말 역시 성경적인 표현이 아닙니다.

성경은 교회와 성도의 관계를 어떻게 설명하고 있습니까?(고전 12:27, 엡 1:22-23)

교회의 주인은 예수님이십니다. 왜냐하면 교회는 하나님이 예수님의 핏값으로 사신 곳이기 때문입니다(행 20:28). 그리고 교인은 그리스도의 몸인 교회의 지체입니다. 교인 한 사람 한 사람이 서로 연결되어 하나의 교회를 이루는 것입니다. 그러므로 교인 한 사람 한 사람이 바로 교회입니다. 우리는 교인으로서 교회를 위하여 섬기는 것이 아니라 교회로서 교회를 섬기는 것입니다.

✝ 나눔

당신은 그동안 교회를 어떻게 이해하고 있었습니까?

2. 성경적인 성도

일반적으로 교회의 성도들은 속한 교회의 구성원이면서 목회자들의 사역의 대상으로만 생각되어 왔습니다. 대부분의 교회 사역은 목회자가 적극적

으로 주도하고 성도들은 소극적으로 참여하는 모습으로 진행되어 왔습니다. 그러나 그것은 성경적인 생각이 아닙니다.

성경은 교회에 소속된 성도들을 어떻게 설명하고 있습니까?(고전 3:9)

성도들은 목회자의 사역의 대상이 아니라 교회 사역의 주체입니다. 그리스도인들이 하나님의 동역자로 부름을 받은 것처럼 성도들은 하나님의 사역을 함께 감당할 목회자의 동역자로 부름을 받은 사람들입니다. 1517년 마르틴 루터는 사제들만의 소유였던 성경책을 독일어로 번역하여 성도들에게 돌려줌으로써 교회 개혁을 일으켰습니다. 사역의 대상이었던 성도들이 사역의 주체가 되는 것은 두 번째 교회 개혁이라고 할 수 있습니다.

†나눔

당신이 동역자로서 참여할 교회 사역에는 어떤 것들이 있을까요?

3. 성경적인 은사

하나님은 성도들에게 사역만을 맡기지 않으시고 그 사역을 감당할 수 있는 은사도 주셨습니다. 그러므로 교회의 사역을 훌륭하게 감당하려면 하나님이 자신에게 주신 은사가 무엇인지를 발견하는 것이 중요합니다. 그리고 그 은사는 하나님의 영광을 위하여, 교회와 성도들에게 덕을 세우기 위하

여 아름답게 사용되어야 합니다.

로마서 12:6-8에서 일곱 가지 은사가 무엇인지 찾아보세요.

일차적으로는 자신이 가지고 있는 은사를 발견하는 것이 중요하지만, 더 중요한 것은 그 은사를 계발시켜서 교회의 사역에 구체적으로 헌신하고 섬기는 것입니다. 하나님이 주신 은사를 가지고 사역을 감당하면 사역이 쉽고 재미도 있고 열매도 많이 맺힙니다.

> **✝ 나눔**
>
> 당신은 어떤 은사를 가지고 있다고 생각합니까? 그리고 그 은사로 섬길 수 있는 사역은 무엇인지 찾아보세요.

4. 성경적인 직업관

직업을 단순히 돈을 벌기 위한 수단으로 생각하는 사람들이 많습니다. 자신의 직업을 하나님이 맡기신 소명으로 받아들이기보다는 생계의 수단으로만 생각하는 사람도 많습니다. 돈을 많이 벌어서 잘산다는 것이 나쁜 것은 아니지만 그것만이 삶의 목표가 되면 돈이 우상이 되기 쉬울 뿐 아니라 자신의 욕망에 이끌리는 생활을 할 수 있습니다. 그러므로 그리스도인들은 돈을 버는 목적과 돈을 사용하는 방법이 성경적이어야 합니다.

1) 그리스도인들이 일하는 궁극적인 목적은 무엇입니까?(골 3:23)

_____

2) 그리스도인들은 일터에 대하여 어떤 인식을 가져야 할까요?(마 22:39)

_____

3) 그리스도인들은 어떤 태도를 가지고 직장에서의 일들을 감당해야 합니까?(잠 12:22, 14:34)

_____

그리스도인들은 자신이 몸담고 있는 학교(직장)에서의 일을 하나님이 맡기신 소명으로 인식해야 합니다. 그리고 학교(직장)는 하나님 사랑과 이웃 사랑을 실천하는 현장이 되어야 합니다. 하나님은 나의 일터에서 함께 계시며 나를 통해서 당신의 일을 행하기를 원하십니다. 그러므로 그리스도인들은 학교(직장)에서도 능력과 정직은 물론 성실과 공의로 일을 수행함으로써 속한 곳에 하나님의 나라가 이루어지게 해야 합니다.

나눔

당신은 그동안 학교(직장)에서 어떻게 하나님의 공의를 실천하려고 노력했습니까?

5. 성경적인 세계관

그리스도인들 중에는 하나님을 성도들만 사랑하시고 교회만 다스리시는 분으로 오해하는 사람들이 있습니다. 그래서 사역의 현장을 교회로만 제한시키는 경향이 있습니다. 이것은 편견일 뿐입니다. 하나님은 불신자들도 사랑하십니다. 그리고 그분은 온 세상을 다스리시는 창조주 하나님입니다. 그러므로 우리가 살고, 일하고, 활동하는 모든 영역이 바로 하나님이 활동하시는 현장임을 기억해야 합니다.

예수님은 제자들을 어디로 보내셨습니까? 그 이유는 무엇일까요?(요 17:18)

사도 바울의 사역 현장은 어디였습니까?(행 17:17)

하나님이 온 세상을 다스리고 통치하시듯 온 세상이 성도와 교회의 사역 현장입니다. 그러므로 하나님의 시각으로 세상을 보면서 사역을 감당해야 합니다. 세상의 어느 영역에서건 복음이 전파되고 그리스도의 이름이 드러나야 합니다. 주님을 위한 사역에 기쁨으로 참여하는 것은 사명으로의 부르심에 응답하는 것입니다. 구원받은 은혜와 쓰임 받는 은혜를 모두 경험하면서 사는 것, 하나님의 자녀이면서 동시에 동역자로 살아가는 것이 가장 건강한 신앙생활입니다.

🕊 나눔

당신은 사명으로의 부르심에 어떻게 응답할 준비가 되어 있습니까?

BOOK 참고 도서

제자 훈련

제자입니까

후안 카를로스 오르티즈 지음
248쪽

제자도
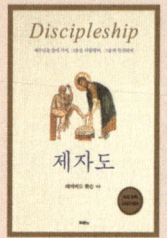
데이비드 왓슨 지음
452쪽

팬인가, 제자인가

카일 아이들먼 지음
304쪽

구원의 확신

구원이란 무엇인가

김세윤 지음
196쪽

예수는 역사다

리 스트로벨 지음
448쪽

존 파이퍼의 거듭남

존 파이퍼 지음
240쪽

큐티

큐티하면 행복해집니다

하용조 지음
244쪽

큐티 사랑

이기훈 지음
216쪽

큐티와 신앙

이기훈 지음
176쪽

하나님의 성품

참사랑은 그 어디에

마스미 토요토미 지음
54쪽

하나님에 관한 불변의 진리

조쉬 맥도웰 지음
608쪽

힘써 하나님을 알자

D. A. 카슨 지음
368쪽

성경

보라 통독

이상준 지음
564쪽

역사 지리로 보는 성경

이문범 지음
구약편(전4권)·신약편(전3권)

성경의 맥을 잡아라

문봉주 지음
660쪽

기도

팀 켈러의 기도

팀 켈러 지음
408쪽

기도하면 행복해집니다

하용조 지음
244쪽

매일 기도

조정민 지음
408쪽

BOOK 참고 도서

교제

하나님을 열망하다
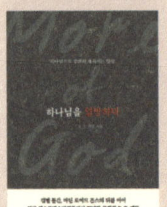
R. T. 켄달 지음
316쪽

헨리 나우웬의 공동체

헨리 나우웬 지음
248쪽

존 오트버그의 관계 훈련

존 오트버그 지음
352쪽

전도

최고의 행복
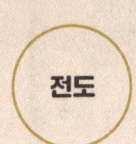
두란노 편집부 지음
총 26개 언어 | 8쪽

맞춤전도

이재훈 지음
232쪽

열혈청년 전도왕

최병호 지음
256쪽

성령충만

하나님의 임재 연습

로렌스 형제 지음
176쪽

인격적인 성령님
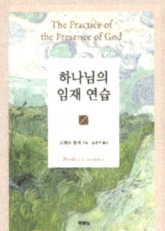
하용조 지음
256쪽

왜 성령인가?
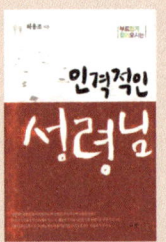
조정민 지음
272쪽

시험

광야를 읽다

이진희 지음
228쪽

팀 켈러, 고통에 답하다

팀 켈러 지음
544쪽

시험을 만나거든

박대영 지음
392쪽

순종

존 비비어의 순종

존 비비어 지음
352쪽

내 마음 그리스도의 집

로버트 멍어 지음
62쪽

일상의 결정들

김병삼 지음
268쪽

사역

헨리 블랙커비의 영적 리더십

헨리 블랙커비 지음
504쪽

기독교 세계관 바로 세우기

류현모·강애리 지음
348쪽

성령의 전도꾼

이은호 지음
224쪽

1. 큰 원 안에 작은 원을 그리십시오. 안에 있는 원에 '자아'라고 쓰십시오. 그림 아래에 '나의 의지, 나의 소망'이라고 쓰십시오.

   "이 원은 그리스도인이 되기 이전의 사람을 나타냅니다. 자아가 삶의 왕좌에 있고, 그 삶은 자기 중심적인 삶입니다."

2. 새로운 큰 원 안에 작은 원을 그리십시오(이 원은 더 크게 그리십시오). 안에 있는 원에 '예수님'이라고 쓰십시오. 그림 아래에다 '그분의 의지, 그분의 소망'이라고 쓰십시오.

   "이 원은 그리스도를 영접한 후의 사람을 나타냅니다. 그리스도가 삶의 왕좌에 계시고 그 삶은 그리스도 중심의 삶입니다. 우리는 그리스도 중심의 삶에 관해 공부할 것입니다."

3. 안에 있는 원 둘레에다 원을 하나 더 그리고 반을 나누어 위쪽에 '구원의 확신'이라고 쓰십시오.

   "우리는 이제 여러분의 삶 속에 계시는 그리스도를 알 수 있는 방법과 여러분이 하나님의 자녀임을 확신하는 것에 대해 공부할 것입니다."

4. 아래쪽에는 '하나님의 성품'이라고 쓰십시오.

5. 다음 여덟 과를 이야기하면서 그림에 살을 그리십시오. 각 과의 제목을 말하면서 써 넣으십시오.

a. 성경

"우리는 성경을 통해 하나님을 알 수 있습니다. 하나님은 성경을 통해 우리에게 이야기하십니다. 성경은 그리스도인의 생활을 위한 기본적인 지침서입니다. 성경 공부 방법에 대해 배울 것입니다."

b. 기도

"우리는 기도로 하나님과 대화할 수 있습니다. 하나님과 교제할 때, 성경을 통해 하나님의 말씀을 듣고 기도로 그분께 말씀드림으로써, 하나님과 우리의 수직적인 관계가 성장합니다."

c. 교제

"하나님과 올바른 수직적 관계를 이룰 때, 우리는 사람들과도 올바른 수평적 관계를 맺을 수 있습니다. 다른 성도들과의 관계에 있어서 우리는 그리스도 안에서 서로 돌아보고 서로 덕을 세워 주는 교제를 나누어야 합니다."

d. 전도

"우리는 불신자들에게 예수님을 전해야 합니다. 그들 또한 하나님과 더불어 인격적인 관계를 맺을 수 있도록 전도하는 방법을 공부합시다."

e. 성령 충만

"성령 충만한 삶이 무엇인지 알아보고, 성령이 다스리시고 예수님이 중심 되시는 삶을 살 수 있는 방법에 대해 공부하겠습니다."

f. 시험

"시험을 받지 않는 사람은 아무도 없습니다. 그러나 하나님은 우리를 구원하십니다. 영적인 전쟁에 관한 성경의 가르침이 무엇인지 공부합시다."

g. 순종

"예수님 중심의 삶을 살려면 이 모든 가르침에 순종으로 응해야 합니다."

h. 사역

"순종의 결과로써 하나님은 새로운 사역으로 우리를 인도하십니다."

6. 곁에다 원을 하나 더 그리고 '예수님이 다스리는 삶'이라고 쓰십시오.

"우리는 하나님을 알고 그분께 순종함에 따라, 삶의 모든 부분에서 그분의 가르침을 받아들여야 합니다. 그러면 우리의 삶은 예수님 중심의 삶이 될 것입니다."

7. 키에다 '손잡이'를 그리십시오.

"이 그림은 선박의 키입니다. 항해사가 배의 항로를 따라 운전하는 것처럼, 우리 삶의 모든 부분도 예수님이 다스리시도록 맡겨야 합니다. 예수님 중심의 삶이 어떤 것인지 공부해 봅시다."

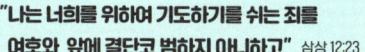

날짜	기도 제목	날짜	응답 및 주신 말씀

날짜	기도 제목	날짜	응답 및 주신 말씀

날짜	기도 제목	날짜	응답 및 주신 말씀

I. 예수 그리스도

첫 번째 만남 | 예수님은 어떤 분입니까?

시몬 베드로가 대답하여 이르되 주는 그리스도시요 살아 계신 하나님의 아들이시니이다(마 16:16).

두 번째 만남 | 예수님은 어떤 일을 하셨습니까?

내가 그리스도와 함께 십자가에 못 박혔나니 그런즉 이제는 내가 사는 것이 아니요 오직 내 안에 그리스도께서 사시는 것이라 이제 내가 육체 가운데 사는 것은 나를 사랑하사 나를 위하여 자기 자신을 버리신 하나님의 아들을 믿는 믿음 안에서 사는 것이라(갈 2:20).

세 번째 만남 | 예수님은 지금 무엇을 하고 계십니까?

너희는 그 은혜에 의하여 믿음으로 말미암아 구원을 받았으니 이것은 너희에게서 난 것이 아니요 하나님의 선물이라 행위에서 난 것이 아니니 이는 누구든지 자랑하지 못하게 함이라(엡 2:8-9).

네 번째 만남 | 예수님을 믿으십시오

네가 만일 네 입으로 예수를 주로 시인하며 또 하나님께서 그를 죽은 자 가운데서 살리신 것을 네 마음에 믿으면 구원을 받으리라 사람이 마음으로 믿어 의에 이르고 입으로 시인하여 구원에 이르느니라(롬 10:9-10).

II. QT(Quiet Time)

다섯 번째 만남 | QT, 하나님과 교제하는 시간

갓난아기들같이 순전하고 신령한 젖을 사모하라 이는 그로 말미암아 너희로 구원에 이르도록 자라게 하려 함이라(벧전 2:2).

III. 구원의 확신과 하나님의 성품

여섯 번째 만남 | 구원의 확신

내가 진실로 진실로 너희에게 이르노니 내 말을 듣고 또 나 보내신 이를 믿는 자는 영생을 얻었고 심판에 이르지 아니하나니 사망에서 생명으로 옮겼느니라(요 5:24).

일곱 번째 만남 | 하나님의 성품

여호와여 위대하심과 권능과 영광과 승리와 위엄이 다 주께 속하였사오니 천지에 있는 것이 다 주의 것이로소이다 여호와여 주권도 주께 속하였사오니 주는 높으사 만물의 머리이심이니이다(대상 29:11).

IV. 그리스도인의 생활

여덟 번째 만남 | 성경

모든 성경은 하나님의 감동으로 된 것으로 교훈과 책망과 바르게 함과 의로 교육하기에 유익하니(딤후 3:16).

아홉 번째 만남 | 기도

아무것도 염려하지 말고 다만 모든 일에 기도와 간구로, 너희 구할 것을 감사함으로 하나님께 아뢰라 그리하면 모든 지각에 뛰어난 하나님의 평강이 그리스도 예수 안에서 너희 마음과 생각을 지키시리라(빌 4:6-7).

열 번째 만남 | 교제

새 계명을 너희에게 주노니 서로 사랑하라 내가 너희를 사랑한 것같이 너희도 서로 사랑하라 너희가 서로 사랑하면 이로써 모든 사람이 너희가 내 제자인 줄 알리라(요 13:34-35).

열한 번째 만남 | 전도

내가 복음을 부끄러워하지 아니하노니 이 복음은 모든 믿는 자에게 구원을 주시는 하나님의 능력이 됨이라 먼저는 유대인에게요 그리고 헬라인에게로다(롬 1:16).

V. 그리스도가 다스리는 삶

열두 번째 만남 | 성령 충만한 삶

술 취하지 말라 이는 방탕한 것이니 오직 성령으로 충만함을 받으라(엡 5:18).

열세 번째 만남 | 시험을 이기는 삶

사람이 감당할 시험밖에는 너희가 당한 것이 없나니 오직 하나님은 미쁘사 너희가 감당하지 못할 시험당함을 허락하지 아니하시고 시험당할 즈음에 또한 피할 길을 내사 너희로 능히 감당하게 하시느니라(고전 10:13).

열네 번째 만남 | 순종하는 삶

또 무리에게 이르시되 아무든지 나를 따라오려거든 자기를 부인하고 날마다 제 십자가를 지고 나를 따를 것이니라(눅 9:23).

열다섯 번째 만남 | 사역하는 삶

그러나 너희는 택하신 족속이요 왕 같은 제사장들이요 거룩한 나라요 그의 소유가 된 백성이니 이는 너희를 어두운 데서 불러 내어 그의 기이한 빛에 들어가게 하신 이의 아름다운 덕을 선포하게 하려 하심이라(벧전 2:9).